Knacki

Il y a des goûts qui ont le chic pour nous emmener plusieurs années en arrière. La saucisse KNACKI® Herta est de ceux-là. En une bouchée, nous re-voici devant la purée de notre enfance.

Avec ces pages, revisitez vos meilleurs souvenirs. En 30 recettes irrésistibles, la saucisse KNACKI® de Herta se métamorphose et vous donne autant d'idées propres à égayer vos tables en deux temps trois coups de cuillère. Feuilletée, poêlée ou cuisinée, la saucisse KNACKI® est revisitée pour les plaisirs des petits et des plus grands. Créatives et surprenantes mais aussi simples et rapides à réaliser, ces recettes allient souvenirs d'enfance et plaisirs de gourmets, avec pour point commun : sourire et bonne humeur garantis !

Herta®

Le petit livre

KNACKI®

Recettes et photographies de
JEANNE ARCHAMBAULT

MARABOUT

Avec la collaboration de HERTA®.
HERTA SAS 311 043 194 RCS MEAUX
® En accord avec le propriétaire des marques.

Ne pas donner de saucisses KNACKI® Ball à un enfant de moins de 4 ans il risquerait d'avaler sans mâcher. Ne pas laisser un enfant jouer avec un pic de saucisses KNACKI® Ball. Pour les plus jeunes, nous recommandons de couper les saucisses KNACKI® en tout petits morceaux.

Shopping : Jeanne Archambault
Suivi éditorial : Marie-Ève Lebreton
Relecture : Véronique Dussidour
Mise en pages : Gérard Lamarche

ISBN : 978-2-501-08051-4
41 1469 0
Dépôt légal : août 2012
Achevé d'imprimer en juillet 2012
sur les presses d'Impresia-Cayfosa en Espagne

SOMMAIRE

KIT ENFANTS

SOLEIL DE SAUCISSES KNACKI®

POUR 1 PERSONNE

100 g de riz basmati, 2 cuillerées à soupe d'huile d'olive, 15 petits pois congelés, 1 dé de courgette, 2 saucisses KNACKI® Original 100 % pur porc, 1 tomate cerise, sel

Dans une casserole, faire revenir le riz quelques minutes dans l'huile d'olive. Ajouter 2 petits verres d'eau, saler et couvrir. Laisser cuire 15 minutes à feu moyen. Hors du feu, laisser le riz gonfler 2 minutes. Faire cuire à la vapeur les petits pois et le dé de courgette. Faire cuire les saucisses KNACKI® 4 minutes dans de l'eau frémissante. Les égoutter et les couper en quatre dans la longueur. Dans l'assiette, déposer le riz au centre et former le soleil avec les saucisses KNACKI®, les petits pois, la tomate cerise coupée en deux et le dé de courgette.

ÉTOILES DE TOMATES & SAUCISSES KNACKI®

POUR 8 ÉTOILES

1 pâte brisée, 4 tomates, 4 saucisses KNACKI® Original 100 % pur porc, 3 cuillerées à soupe d'huile d'olive + pour le moule, 15 cl de crème liquide, 4 œufs, sel, poivre

Préchauffer le four à 220 °C. Étaler la pâte dans un moule à tarte huilé. Piquer le fond de la tarte. Enfourner et faire cuire à blanc 10 minutes. Battre les œufs avec l'huile d'olive et la crème. Saler, poivrer. Ajouter les tomates et les saucisses KNACKI® coupées en morceaux. Verser sur la pâte à tarte. Enfourner à 200 °C et laisser cuire 25 à 30 minutes. À l'aide d'un emporte-pièce, découper 8 étoiles dans la tarte.

ESCARGOTS DE SAUCISSES KNACKI®

POUR 2 ESCARGOTS

2 patates douces, 5 cl de lait, 1 saucisse KNACKI® Original 100 % pur porc, 2 cuillerées à soupe de chou vert frisé, 1 carotte, 8 petits pois, ½ cuillerée à café de Ketchup®

Dans une casserole d'eau bouillante, faire cuire les patates douces coupées en morceaux pendant 10 minutes. Les réduire en purée avec le lait. Faire cuire la saucisse KNACKI® 4 minutes dans de l'eau frémissante. La couper en deux dans la longueur. Émincer le chou. Faire cuire la carotte et les petits pois à la vapeur 10 minutes. Ajouter le chou frisé 2 minutes avant la fin de la cuisson. Dans 2 assiettes, former les escargots.

 Pour les plus jeunes, nous recommandons de couper les saucisses KNACKI® en tout petits morceaux.

KIT FEUILLETÉS

POUR 6 FEUILLETÉS

FEUILLETÉS NATURE

2 rouleaux de pâte feuilletée, 8 saucisses KNACKI® Grillées, 1 jaune d'œuf, 1 cuillerée à soupe de lait

Préchauffer le four à 210 °C. Sur le plan de travail, étaler les pâtes feuilletées. Les découper en bandes de 5 cm de largeur. Couper les saucisses KNACKI® en deux dans la longueur. Rouler chaque moitié de saucisses KNACKI® dans 1 bande de pâte. Dans un bol, battre le jaune d'œuf dans le lait. À l'aide d'un pinceau, dorer les feuilletés. Les déposer sur la plaque du four préalablement garnie de papier sulfurisé. Enfourner et laisser cuire 15 minutes.

FEUILLETÉS À LA MOUTARDE & AU GRUYÈRE

2 rouleaux de pâte feuilletée, 2 cuillerées à soupe de moutarde forte, 100 g de gruyère râpé, 8 saucisses KNACKI® Original 100 % pur porc, 1 jaune d'œuf, 1 cuillerée à soupe de lait

Préchauffer le four à 210 °C. Sur le plan de travail, étaler les pâtes feuilletées. Les badigeonner de moutarde et parsemer de gruyère. Découper les pâtes en bandes de 5 cm de largeur. Couper les saucisses KNACKI® en deux dans la longueur. Rouler chaque moitié de saucisses KNACKI® dans 1 bande de pâte. Dans un bol, battre le jaune d'œuf dans le lait. À l'aide d'un pinceau, dorer les feuilletés. Les déposer sur la plaque du four préalablement garnie de papier sulfurisé. Enfourner et laisser cuire 15 minutes.

FEUILLETÉS AU ROQUEFORT & AU PERSIL

2 rouleaux de pâte feuilletée, 150 g de roquefort, 3 cuillerées à soupe de persil haché, 3 saucisses KNACKI® 100 % poulet, 1 jaune d'œuf, 1 cuillerée à soupe de lait

Préchauffer le four à 210 °C. Sur le plan de travail, étaler les pâtes feuilletées. Les parsemer de roquefort et de persil. Découper les pâtes en bandes de 5 cm de largeur. Couper les saucisses KNACKI® en deux dans la longueur. Rouler chaque moitié de saucisses KNACKI® dans 1 bande de pâte. Dans un bol, battre le jaune d'œuf dans le lait. À l'aide d'un pinceau, dorer les feuilletés. Les déposer sur la plaque du four préalablement garnie de papier sulfurisé. Enfourner et laisser cuire 15 minutes.

KIT POÊLÉES EXPRESS

POUR 4 PERSONNES

POÊLÉE DE PETITS LÉGUMES AU CURRY

1 courgette, 1 carotte, 1 oignon, 1 gousse d'ail, 3 cuillerées à soupe d'huile d'olive, 300 g de petits pois congelés, 4 saucisses KNACKI® Original 100 % pur porc, 1 cuillerée à café de pâte de curry jaune, 1 cuillerée à soupe de crème liquide

Éplucher les légumes puis les couper en petits morceaux. Les faire revenir dans une grande poêle avec l'huile d'olive, à feu moyen, pendant 10 minutes. Ajouter les petits pois et laisser cuire 5 minutes supplémentaires en remuant fréquemment. Ajouter les saucisses KNACKI® coupées en rondelles, la pâte de curry et la crème. Mélanger et laisser cuire 2 minutes.

POÊLÉE DE TOMATES FRAÎCHES AU BASILIC

1 oignon, 2 gousses d'ail, 1 cuillerée à soupe d'huile d'olive, 6 tomates fraîches, 1 cuillerée à soupe de pesto, 4 saucisses KNACKI® Original 100 % pur porc, sel, poivre

Éplucher puis émincer l'oignon et les gousses d'ail. Les faire revenir dans une poêle avec l'huile d'olive, à feu moyen, pendant 5 minutes. Ajouter les tomates coupées en quartiers et le pesto. Saler, poivrer. Laisser cuire 5 minutes. Ajouter les saucisses KNACKI® coupées en rondelles et poursuivre la cuisson pendant 5 minutes.

POÊLÉE CAMPAGNARDE AUX POMMES DE TERRE

8 pommes de terre, 5 cuillerées à soupe d'huile d'olive, 5 échalotes, 1 gousse d'ail, 4 saucisses KNACKI® Original 100 % pur porc, 100 g de beaufort râpé, 5 cl de vin blanc (facultatif)

Dans une casserole d'eau bouillante, faire cuire les pommes de terre pendant 15 minutes. Les égoutter, les éplucher puis les couper en dés. Les faire revenir 5 minutes dans l'huile d'olive à feu moyen. Ajouter les échalotes et l'ail émincés et laisser cuire 10 minutes. Ajouter les saucisses KNACKI® coupées en rondelles. Verser le vin blanc et laisser cuire quelques minutes. Parsemer de beaufort et servir.

Herta
10
Knacki
100% PUR PORC
SAUCISSES DE STRASBOU

ROULÉS DE COURGETTE
AUX SAUCISSES KNACKI®

15 MIN DE PRÉPARATION – 4 MIN DE CUISSON

POUR 8 ROULÉS

2 saucisses KNACKI® Original 100 % pur porc

2 courgettes

100 g de fromage frais

1 cuillerée à café de graines de fenouil

1- Faire cuire les saucisses KNACKI® 4 minutes dans une casserole d'eau frémissante. Laisser refroidir. Les couper en tronçons de 2 cm.

2- À l'aide d'un économe, couper de très fines tranches de courgette dans le sens de la longueur.

3- Pour chaque roulé, déposer ½ cuillerée à café de fromage frais à l'extrémité de la tranche de courgette et parsemer de graines de fenouil. Ajouter ensuite 1 morceau de saucisse KNACKI®. Rouler et fixer avec un pic en bois.

MINI BROCHETTES AUX TOMATES CERISES

15 MIN DE PRÉPARATION – 5 MIN DE CUISSON

POUR 15 MINI BROCHETTES

1 pot de saucisses KNACKI® Ball Original (200 g)

30 tomates cerises

3 cuillerées à soupe de miel liquide

4 cuillerées à soupe de graines de sésame

1- Faire cuire les saucisses KNACKI® Ball dans leur pot 30 secondes au four à micro-ondes à 850 W. Secouer et faire chauffer de nouveau 30 secondes. Laisser reposer 1 minute.
2- Dans une poêle, faire griller à sec les graines de sésame, tout en remuant, pendant 1 minute.
3- Laver et essuyer soigneusement les tomates cerises. Tremper l'extrémité de chaque tomate dans le miel puis dans les graines de sésame.
4- Sur un pic en bois, piquer 1 tomate cerise, 1 saucisse KNACKI® Ball et terminer par 1 tomate cerise.

CLUB SANDWICH AUX SAUCISSES KNACKI®

15 MIN DE PRÉPARATION – 10 MIN DE CUISSON

POUR 1 CLUB SANDWICH

2 saucisses KNACKI® Grillées

3 tranches de pain de mie complet

½ tomate

1 cuillerée à soupe de moutarde à l'ancienne

20 g d'emmental râpé

1 feuille de laitue

1- Faire cuire les saucisses KNACKI® 4 minutes dans une casserole d'eau frémissante. Égoutter et laisser refroidir. Les couper en rondelles.
2- Faire griller les tranches de pain de mie.
3- Couper la demi-tomate en tranches.
4- Tartiner les tranches de pain de mie grillées de moutarde.
5- Sur la première tranche de pain, répartir le fromage râpé et la feuille de laitue. Recouvrir d'une seconde tranche de pain de mie. Y déposer les rondelles de saucisses KNACKI® et les tranches de tomate. Recouvrir avec la dernière tranche de pain.
6- Couper le club sandwich en quatre et le fixer à l'aide d'un pic en bois.

PETITS CARRÉS AUX ŒUFS & AUX ÉPINARDS

15 MIN DE PRÉPARATION – 30 MIN DE CUISSON

POUR 4 PERSONNES

1 échalote

2 gousses d'ail

4 saucisses KNACKI®
Original 100 % pur porc

100 g de jeunes pousses d'épinard

6 gros œufs fermiers

1 cuillerée à soupe d'estragon haché

1 pincée de sel

1 pincée de poivre

huile

1- Préchauffer le four à 220 °C.

2- Éplucher et émincer l'échalote et les gousses d'ail.

3- Couper les saucisses KNACKI® en rondelles.

4- Faire cuire les épinards à la vapeur pendant 5 minutes. Les presser pour enlever le maximum d'eau.

5- Dans un saladier, battre les œufs en omelette. Ajouter tous les ingrédients et mélanger.

6- Dans un plat allant au four préalablement huilé, verser la préparation. Recouvrir de papier d'aluminium. Le placer dans un plat plus grand et remplir à hauteur d'eau pour une cuisson au bain-marie.

7- Enfourner et laisser cuire 30 minutes. Laisser refroidir 5 minutes avant de démouler et de découper en carrés.

Herta
ORIGINAL
Knacki
100% PUR PORC
SAVEUR ET QUALITÉ
6
SAUCISSES DE STRASBOURG

CROSTINI PIMENTÉS

15 MIN DE PRÉPARATION – 10 MIN DE CUISSON

POUR 4 PERSONNES

8 tranches de pain de campagne

4 cuillerées à soupe d'huile d'olive

2 gousses d'ail

100 g de tomates séchées à l'huile

1 cuillerée à café de piment d'Espelette

4 saucisses KNACKI® Grillées

8 tranches fines de fromage de brebis

1- Préchauffer le four en position gril.

2- Badigeonner les tranches de pain de campagne d'huile d'olive. Les disposer sur la plaque du four et les faire griller 2 minutes de chaque côté. Les frotter avec les gousses d'ail épluchées.

3- Hacher les tomates séchées. Les piler avec le piment d'Espelette puis étaler la préparation sur les tranches de pain.

4- Couper les saucisses KNACKI® en rondelles et les disposer sur le pain.

5- Répartir le fromage de brebis sur les crostini.

6- Enfourner et faire griller 5 minutes sous le gril. Saupoudrer de piment les crostini puis déguster aussitôt.

Herta
4 Knacki
GRILLÉ

ARTICHAUTS EN BARIGOULE
AUX SAUCISSES KNACKI®

10 MIN DE PRÉPARATION – 35 MIN DE CUISSON

POUR 4 PERSONNES

16 petits artichauts poivrade

2 gros oignons doux

2 carottes

2 gousses d'ail

4 cuillerées à soupe d'huile d'olive

6 saucisses KNACKI® Original 100 % pur porc

20 cl de vin blanc sec

sel, poivre du moulin

1- Ôter les premières feuilles des artichauts.

2- Éplucher et hacher les oignons, les carottes et les gousses d'ail.

3- Dans une cocotte, faire cuire à couvert tous les légumes avec l'huile d'olive, à feu doux. Saler et poivrer. Remuer souvent. Ajouter les saucisses KNACKI® coupées en quatre dans la longueur.

4- Lorsque les légumes commencent à roussir, ajouter le vin blanc. Couvrir et laisser cuire 20 à 25 minutes jusqu'à ce que les artichauts soient tendres. Mélanger toutes les 8 à 10 minutes. Ajouter un filet d'eau si le vin s'évapore complètement.

ŒUFS À LA COQUE & MOUILLETTES AUX SAUCISSES KNACKI®

10 MIN DE PRÉPARATION – 15 MIN DE CUISSON

POUR 4 PERSONNES

2 saucisses KNACKI® Fumées

2 tranches de pain de seigle

1 cuillerée à café d'huile d'olive

2 pincées de paprika

4 œufs

fleur de sel, poivre noir du moulin

1- Préchauffer le four à 200 °C.

2- Couper les saucisses KNACKI® en tranches, dans le sens de la longueur.

3- Couper le pain de la même façon et former de petites mouillettes en insérant 1 tranche de saucisses KNACKI® entre 2 tranches de pain. Badigeonner les mouillettes avec un peu d'huile d'olive et les saupoudrer de paprika.

4- Enfourner et laisser cuire 10 minutes puis les faire dorer 5 minutes sous le gril du four.

5- Dans une casserole, porter un grand volume d'eau à ébullition. Y déposer délicatement les œufs et laisser cuire 3 minutes. Les égoutter et les plonger dans l'eau froide pour arrêter la cuisson.

6- Retirer délicatement le chapeau des œufs et servir, accompagné des mouillettes. Poivrer généreusement et parsemer de fleur de sel.

MINI CLAFOUTIS
AUX SAUCISSES KNACKI® BALL ORIGINAL

15 MIN DE PRÉPARATION - 25 MIN DE CUISSON

POUR 4 PERSONNES

3 œufs

30 g de fécule de maïs

15 cl de lait de chèvre

15 cl de crème fraîche liquide

1 pincée de noix de muscade en poudre

quelques brins de ciboulette

1 pot de saucisses KNACKI® Ball Original (200 g)

beurre

sel, poivre

1- Préchauffer le four à 185 °C.
2- Dans un saladier, fouetter les œufs. Saler et poivrer.
3- Dans un bol, délayer la fécule de maïs dans le lait et incorporer le tout aux œufs battus.
4- Ajouter la crème liquide, la noix de muscade et la ciboulette ciselée.
5- Dans 4 petits plats à gratin préalablement beurrés, répartir les saucisses KNACKI® Ball et verser la préparation.
6- Enfourner et laisser cuire 25 minutes jusqu'à ce que les clafoutis soient dorés.

Attention : Ne pas donner de saucisses KNACKI® Ball à un enfant de moins de 4 ans, il risquerait d'avaler sans mâcher. Ne pas laisser un enfant jouer avec un pic de saucisses KNACKI® Ball.

Herta
Knacki
BALL
ORIGINAL
4 PICS
À L'INTÉRIEUR
PRIKKERS
BINNENIN
Herta
Knacki
BALL
ORIGINAL
200 g

SALADE NIÇOISE AUX SAUCISSES KNACKI®

20 MIN DE PRÉPARATION – 20 MIN DE CUISSON

POUR 4 PERSONNES

200 g de fèves fraîches (ou surgelées)

4 petits artichauts violets

4 œufs

1 poivron rouge

3 cébettes

6 radis

150 g d'olives noires, dénoyautées

4 saucisses KNACKI® Original 100 % pur porc

1 cuillerée à soupe de moutarde

3 cuillerées à soupe d'huile d'olive

1 cuillerée à café de vinaigre de vieux vin

1 cuillerée à café de vinaigre balsamique

½ cuillerée à café de gros sel

1- Écosser les fèves. Les faire cuire 5 minutes à la vapeur et réserver.

2- Couper le haut des artichauts et ôter les feuilles extérieures, trop dures pour être mangées. Dans une casserole d'eau bouillante, faire cuire les artichauts pendant 10 minutes.

3- Dans une casserole d'eau bouillante, faire cuire les œufs pendant 5 minutes puis les plonger dans l'eau froide pour arrêter la cuisson. Les écailler et les couper en quartiers.

4- Laver le poivron, les cébettes et les radis. Les émincer finement.

5- Faire cuire les saucisses KNACKI® 4 minutes dans une casserole d'eau frémissante. Égoutter et laisser refroidir. Les couper en rondelles.

6- Mélanger tous les légumes avec les saucisses KNACKI® et les olives.

7- Dans un bol, mélanger la moutarde avec les vinaigres, l'huile d'olive et le sel. Verser la sauce sur la salade puis remuer.

SALADE DE LÉGUMES VERTS
AUX SAUCISSES KNACKI®

15 MIN DE PRÉPARATION – 17 MIN DE CUISSON

POUR 4 PERSONNES

1 poignée de haricots verts

½ brocoli

2 cébettes

2 cuillerées à soupe de graines de courge

2 cuillerées à soupe de graines de tournesol

2 saucisses KNACKI® Grillées

3 cuillerées à soupe d'huile de noix

fleur de sel

1- Équeuter les haricots.
2- Couper le brocoli en petits bouquets et les cébettes en fines rondelles.
3- Faire cuire les haricots et le brocoli à la vapeur pendant 10 minutes.
4- Dans une poêle, faire griller à sec les graines de tournesol et de courge pendant 2 minutes.
5- Faire cuire les saucisses KNACKI® 4 minutes dans une casserole d'eau frémissante. Les égoutter et les couper en rondelles.
6- Mélanger les légumes et les saucisses KNACKI®. Parsemer de fleur de sel et arroser d'huile de noix.

Herta
GRILLÉ
DÉJÀ PASSÉE
AU GRILL
100% PUR PORC/VARKENSVLEES

TARTELETTES À LA TAPENADE
& SAUCISSES KNACKI®

15 MIN DE PRÉPARATION – 25 MIN DE CUISSON

POUR 6 TARTELETTES

1 rouleau de pâte brisée

25 g de beurre

200 g d'olives vertes, dénoyautées

1 gousse d'ail

1 cuillerée à soupe de câpres

3 filets d'anchois à l'huile

6 saucisses KNACKI® Original 100 % pur porc

quelques noisettes concassées

1- Préchauffer le four à 210 °C.

2- Sur le plan de travail, étaler la pâte brisée.

3- À l'aide d'un emporte-pièce de 8 cm de diamètre, découper 6 disques de pâte.

4- Garnir de pâte 6 moules à tartelette préalablement beurrés. Piquer le fond des tartelettes avec une fourchette. Enfourner et laisser cuire à blanc, 20 minutes, jusqu'à ce que les tartelettes soient dorées. Laisser refroidir 5 minutes.

5- Dans le bol du mixeur, déposer les olives, la gousse d'ail épluchée, les câpres et les filets d'anchois. Mixer finement.

6- Faire cuire les saucisses KNACKI® 4 minutes dans une casserole d'eau frémissante. Les égoutter et les couper en rondelles.

7- Garnir chaque tartelette de tapenade et ajouter quelques rondelles de saucisses KNACKI®. Parsemer de noisettes concassées. Servir aussitôt.

Herta
6
ORIGINAL
Knacki
100% PUR PORC
SAVEUR ET QUALITÉ

RIZ PILAF AU VIN BLANC
& AUX SAUCISSES KNACKI®

20 MIN DE PRÉPARATION – 40 MIN DE CUISSON

POUR 4 PERSONNES

350 g de riz basmati

4 oignons

1 gousse d'ail

5 cl d'huile d'olive

15 cl de bouillon de volaille

35 cl de vin blanc

4 saucisses KNACKI® Original 100 % pur porc

4 cuillerées à soupe d'estragon frais, haché

1- Préchauffer le four à 200 °C.

2- Éplucher et émincer finement les oignons et la gousse d'ail.

3- Dans un grand faitout, faire chauffer l'huile. Ajouter les oignons et l'ail et faire cuire à feu doux jusqu'à ce qu'ils deviennent translucides. Ajouter le riz et remuer pour bien envelopper les grains d'huile.

4- Mélanger le bouillon de volaille avec le vin blanc. Verser le liquide sur le riz. Dès qu'il bout, mettre hors du feu.

5- Couper les saucisses KNACKI® en rondelles et les ajouter au riz. Couvrir. Enfourner et laisser cuire 20 minutes.

6- À la sortie du four, parsemer d'estragon haché et servir aussitôt.

PAELLA EXPRESS
AUX SAUCISSES KNACKI® BALL ORIGINAL

25 MIN DE PRÉPARATION – 30 MIN DE CUISSON

POUR 6 À 8 PERSONNES

500 g de riz rond

3 oignons

3 gousses d'ail

2 poivrons rouge

4 cuillerées à soupe d'huile d'olive

10 grosses crevettes

3 pincées de safran en poudre ou en pistil

35 cl de bouillon de volaille

15 moules

1 pot de saucisses KNACKI® Ball Original (200 g)

2 citrons jaune

1- Éplucher et émincer les oignons et les gousses d'ail.
2- Laver et couper les poivrons en dés.
3- Dans une grande poêle, faire suer pendant 8 minutes les oignons, l'ail et les poivrons dans l'huile d'olive, à feu doux. Ajouter les crevettes et les faire revenir 5 minutes.
4- Rincer le riz à grande eau et l'ajouter dans la poêle. Remuer pour bien mélanger. Le faire cuire 10 minutes environ. Ajouter le safran et ensuite, petit à petit, le bouillon de volaille.
5- Nettoyer les moules soigneusement.
6- Lorsque le riz est presque cuit, ajouter les saucisses KNACKI® Ball et les moules. Laisser cuire encore 10 minutes. Servir aussitôt avec le citron coupé en quartiers.

CHOUCROUTE AUX SAUCISSES KNACKI®

20 MIN DE PRÉPARATION – 45 À 50 MIN DE CUISSON

POUR 4 PERSONNES

2 kg de choucroute

1 gros oignon

1 noisette de beurre

70 cl de vin blanc (sylvaner ou reisling)

200 g de tranches de lard salé

4 saucisses KNACKI® Gourmandes

2 gousses d'ail

1 feuille de laurier

8 baies de genièvre

5 clous de girofle

8 petites pommes de terre

sel, poivre du moulin

1- Rincer la choucroute plusieurs fois dans l'eau froide. Bien l'égoutter dans une passoire.

2- Éplucher et couper l'oignon en dés.

3- Dans un faitout, faire cuire les dés d'oignon avec le beurre à feu très doux. Ajouter le vin, le lard et les saucisses KNACKI®. Déposer la choucroute au-dessus.

4- Ajouter les gousses d'ail en chemise, le laurier, les baies de genièvre, les clous de girofle et 1 cuillerée à café de sel. Poivrer. Couvrir et laisser cuire à feu très doux pendant 30 minutes.

5- Pendant ce temps, faire cuire les pommes de terre dans une casserole d'eau portée à ébullition jusqu'à ce qu'elles soient tendres. Les éplucher.

6- Servir la choucroute accompagnée des pommes de terre.

Herta
4
Knacki
GOURMANDE
Recette
100% PUR PORC
SAUCISSES DE STRASBOURG

QUICHE DE POTIMARRON À LA MUSCADE & SAUCISSES KNACKI®

10 MIN DE PRÉPARATION – 35 MIN DE CUISSON

POUR 4 PERSONNES

1 rouleau de pâte brisée

300 g de cubes de potimarron congelés

20 cl de crème liquide

½ cuillerée à café de noix de muscade en poudre

6 saucisses KNACKI® 100 % poulet

3 œufs

70 g de comté râpé

huile

sel, poivre du moulin

1- Préchauffer le four à 210 °C.

2- Dans une casserole, faire cuire à couvert les cubes de potimarron avec la crème liquide pendant 5 minutes à feu doux jusqu'à ce que les cubes de potimarron soient décongelés. Ajouter la noix de muscade, saler et poivrer.

3- Couper les saucisses KNACKI® en rondelles.

4- Dans un saladier, battre les œufs. Ajouter les dés de potimarron, les rondelles de saucisses KNACKI® et le fromage râpé. Mélanger.

5- Étaler la pâte brisée dans un moule à tarte préalablement huilé. Piquer le fond de tarte avec une fourchette puis verser la préparation. Enfourner et laisser cuire 30 minutes.

HACHIS PARMENTIER AUX SAUCISSES KNACKI®

30 MIN DE PRÉPARATION – 1 H DE CUISSON

POUR 4 PERSONNES

500 g de pommes de terre

60 cl de lait

1 cuillerée à soupe d'herbes de Provence

1 cuillerée à soupe de beurre

1 oignon

10 saucisses KNACKI® Original 100 % pur porc

2 cuillerées à soupe de persil haché

sel, poivre

1- Faire cuire les pommes de terre dans une grande casserole d'eau portée à ébullition jusqu'à ce qu'elles soient tendres. Les éplucher.
2- Remettre les pommes de terre épluchées dans la casserole. Ajouter le lait, les herbes de Provence et 1 cuillerée à café de sel. Faire chauffer à feu doux et écraser à l'aide d'un presse-purée. Réserver.
3- Préchauffer le four à 180 °C.
4- Éplucher et émincer l'oignon.
5- Couper les saucisses KNACKI® en rondelles.
6- Dans une poêle, faire revenir l'oignon et les rondelles de saucisses KNACKI® quelques minutes dans le beurre. Saler et poivrer.
7- Dans un plat à gratin, disposer au fond les rondelles de saucisses KNACKI® et les rondelles d'oignon puis recouvrir de la purée de pommes de terre. Enfourner et laisser cuire 25 minutes. Parsemer le hachis de persil avant de servir.

LASAGNES AUX PÂTES FRAÎCHES
& SAUCISSES KNACKI®

20 MIN DE PRÉPARATION – 30 MIN DE CUISSON

POUR 6 PERSONNES

2 carottes

3 oignons

2 gousses d'ail

3 cuillerées à soupe d'huile d'olive

40 cl de pulpe de tomate

20 cl de crème liquide

1 cuillerée à café de thym

1 cuillerée à café de romarin

10 saucisses KNACKI® Original 100 % pur porc

3 boules de mozzarella

9 feuilles de lasagne fraîches (chez le traiteur)

sel, poivre

1- Préchauffer le four à 200 °C.

2- Éplucher et émincer les carottes, les oignons et les gousses d'ail. Dans une poêle, les faire revenir quelques minutes, à feu moyen, avec l'huile d'olive. Réserver.

3- Dans un saladier, mélanger la pulpe de tomate avec la crème, le thym et le romarin. Saler et poivrer. Ajouter les légumes.

4- Couper les saucisses KNACKI® en rondelles.

5- Couper la mozzarella en tranches.

6- Dans un plat allant au four, alterner les feuilles de lasagne, la sauce, les rondelles de saucisses KNACKI® et quelques tranches de mozzarella. Terminer avec quelques tranches de mozzarella sur le dessus. Enfourner et laisser cuire 25 minutes. Faire dorer les lasagnes 5 minutes sous le gril du four.

PIZZETTES AUX CHAMPIGNONS
MOZZARELLA & SAUCISSES KNACKI®

10 MIN DE PRÉPARATION
20 MIN DE CUISSON

POUR 4 PIZZETTES

2 pâtes à pizza

4 cuillerées à soupe d'huile d'olive

2 gousses d'ail

12 champignons de Paris émincés

4 saucisses KNACKI® Original 100 % pur porc

2 boules de mozzarella

quelques feuilles de roquette (facultatif)

1- Préchauffer le four à 200 °C.
2- Sur le plan de travail, étaler les pâtes à pizza. Les laisser gonfler quelques minutes à température ambiante.
3- Éplucher et presser les gousses d'ail. Les mélanger avec l'huile d'olive.
4- Couper la mozzarella en tranches fines. Couper les saucisses KNACKI® en rondelles.
5- Découper dans la pâte à pizza 4 cercles d'environ 15 cm de diamètre. Les badigeonner avec l'huile d'olive à l'ail.
6- Sur chaque pizzette, répartir les rondelles de saucisses KNACKI®, les champignons émincés et les tranches de mozzarella. Enfourner et laisser cuire 20 minutes. Ajouter quelques feuilles de roquette avant de servir.

GRATIN DE COQUILLETTES
AUX SAUCISSES KNACKI®

15 MIN DE PRÉPARATION – 30 MIN DE CUISSON

1- Faire cuire les pâtes dans un grand volume d'eau bouillante salée. Les égoutter et réserver.
2- Préchauffer le four à 210 °C.
3- Dans une grande casserole, porter à frémissement la crème liquide avec la noix de muscade et 1 pincée de sel. Incorporer la moitié du fromage puis mettre hors du feu. Mélanger jusqu'à ce qu'il soit complètement fondu.
4- Ajouter les coquillettes et les saucisses KNACKI® coupées en petits morceaux. Bien mélanger.
5- Verser dans un plat allant au four et parsemer avec le fromage restant. Enfourner et laisser cuire 20 minutes jusqu'à ce que le gratin soit bien doré.

POUR 4 PERSONNES

300 g de coquillettes

25 cl de crème liquide

1 pincée de noix de muscade en poudre

150 g de beaufort râpé

10 saucisses KNACKI® Original 100 % pur porc

sel

HOT DOG AUX SAUCISSES KNACKI®

10 MIN DE PRÉPARATION – 15 MIN DE CUISSON

POUR 4 PERSONNES

4 demi-baguettes de campagne

1 gousse d'ail

7,5 cl de concentré de tomate

7,5 cl de coulis de tomate

½ cuillerée à café de quatre-épices

1 cuillerée à café de vinaigre de cidre

4 saucisses KNACKI® Grillées

4 cuillerées à soupe de moutarde à l'ancienne

sel, poivre

1- Éplucher et presser la gousse d'ail.

2- Dans une casserole, verser le concentré et le coulis de tomate avec la gousse d'ail pressée et le quatre-épices. Saler et poivrer. Porter à frémissement et laisser cuire 10 minutes. Hors du feu, ajouter le vinaigre et mélanger. Laisser refroidir.

3- Placer le sachet de 4 saucisses KNACKI® légèrement entrouvert pendant 1 minute 30 au centre de votre four à micro-ondes à 900W.

4- Ouvrir les demi-baguettes. Les tartiner de moutarde à l'ancienne. Ajouter les saucisses KNACKI® chaudes et napper de sauce tomate.

WOK DE MAÏS À LA MEXICAINE

15 MIN DE PRÉPARATION – 20 MIN DE CUISSON

POUR 4 PERSONNES

3 poivrons

1 oignon rouge

300 g de grains de maïs

1 pot de saucisses KNACKI® Ball Original (200 g)

1 pincée de coriandre en poudre

1 pincée de cumin en poudre

1 pincée de piment

1 pincée d'origan séché

1 pincée de graines de sésame blondes

3 cuillerées à soupe de coriandre fraîche, hachée

huile d'olive

sel

1- Laver, épépiner et couper les poivrons en petits dés.
2- Éplucher et émincer l'oignon.
3- Dans un grand wok, faire revenir les légumes avec 2 cuillerées à soupe d'huile d'olive pendant 10 minutes, à feu moyen. Ajouter 1 cuillerée à café de sel.
4- Égoutter les grains de maïs et les rincer à l'eau froide.
5- Ajouter le maïs et les saucisses KNACKI® Ball dans le wok. Faire revenir 5 minutes. Ajouter les épices, mélanger et poursuivre la cuisson 5 minutes. Parsemer de coriandre hachée juste avant de servir.

SOUPE MINESTRONE AUX SAUCISSES KNACKI®

15 MIN DE PRÉPARATION – 1 H DE CUISSON

POUR 4 PERSONNES

- 100 g de coquillettes
- 1 oignon
- 1 carotte
- 1 branche de céleri
- 1 gousse d'ail
- 1 poignée de persil
- 6 saucisses KNACKI® Original 100 % pur porc
- 1 feuille de laurier
- ½ cuillerée à café de thym
- ½ cuillerée à café de piment en poudre
- 250 g de pulpe de tomate
- huile d'olive
- sel, poivre

1- Dans une casserole d'eau bouillante légèrement salée, faire cuire les coquillettes. Les égoutter et ajouter 2 cuillerées à soupe d'huile d'olive. Bien mélanger et réserver.

2- Éplucher puis émincer l'oignon et la carotte.

3- Laver et couper le céleri en morceaux.

4- Éplucher la gousse d'ail. Hacher ensemble l'ail et le persil.

5- Couper les saucisses KNACKI® en rondelles.

6- Dans un grand faitout, faire revenir les légumes quelques minutes avec 1 cuillerée à soupe d'huile d'olive. Ajouter 2 l d'eau, le laurier, le thym, le piment et porter à ébullition. Lorsque l'eau bout, baisser le feu au minimum, juste assez pour conserver un petit bouillonnement. Saler et poivrer.

7- Verser la pulpe de tomate, couvrir et laisser mijoter 20 minutes. Ajouter les rondelles de saucisses KNACKI®, l'ail et le persil et poursuivre la cuisson 20 minutes.

SALADE DE POMMES DE TERRE AUX HERBES & SAUCISSES KNACKI®

15 MIN DE PRÉPARATION – 25 MIN DE CUISSON

POUR 4 PERSONNES

400 g de pommes de terre nouvelles

1 oignon

6 saucisses KNACKI® Original 100 % pur porc

5 cuillerées à soupe d'huile d'olive

2 cuillerées à soupe de vinaigre de cidre

1 cuillerée à soupe de moutarde à l'ancienne

quelques brins de ciboulette

10 feuilles de basilic

1- Laver les pommes de terre et les faire cuire 20 minutes à la vapeur jusqu'à ce qu'elles soient tendres. Les éplucher et les laisser refroidir.
2- Couper les pommes de terre en dés et les mettre dans un grand saladier.
3- Éplucher et émincer l'oignon.
4- Faire cuire les saucisses KNACKI® 4 minutes dans une casserole d'eau frémissante. Les égoutter et les couper en rondelles.
5- Ajouter l'oignon émincé et les rondelles de saucisses KNACKI® aux pommes de terre.
6- Dans un bol, mélanger l'huile d'olive, le vinaigre et la moutarde. Verser la vinaigrette sur la salade et remuer.
7- Hacher la ciboulette et le basilic. Les mélanger avec la salade de pommes de terre juste avant de déguster.

15.0 cc.

SALADE DE LENTILLES AUX GRAINES GERMÉES

5 MIN DE PRÉPARATION – 25 MIN DE CUISSON

POUR 4 PERSONNES

150 g de lentilles blondes

150 g de lentilles vertes

150 g de lentilles corail

3 échalotes

4 saucisses KNACKI® Gourmandes

2 poignées de graines germées

½ cuillerée à café de cardamome en poudre

3 cuillerées à soupe d'huile d'olive

2 cuillerées à soupe de sauce soja

sel

1- Faire cuire les lentilles blondes et vertes dans un grand volume d'eau bouillante salée pendant 20 minutes. À mi-cuisson, ajouter les lentilles corail. Les égoutter et les passer sous l'eau froide.

2- Éplucher et émincer les échalotes.

3- Faire cuire les saucisses KNACKI® 4 minutes dans une casserole d'eau frémissante. Les égoutter et les couper en rondelles.

4- Rincer les graines germées.

5- Mélanger les lentilles avec les échalotes, les rondelles de saucisses KNACKI® et les graines germées. Ajouter la cardamome, 1 cuillerée à café de sel, l'huile d'olive et la sauce soja. Bien mélanger. Servir tiède ou froid.

Herta
4
Knacki
GOURMANDE

CAKE « DU PLACARD »

15 MIN DE PRÉPARATION – 45 MIN DE CUISSON

POUR 6 À 8 PERSONNES

260 g de macédoine

200 g de champignons de Paris émincés

4 saucisses KNACKI® Original 100 % pur porc

3 œufs

1 yaourt nature

8 cl de lait

5 cl d'huile d'olive

200 g de farine blanche

½ sachet de levure chimique

½ cuillerée à café de paprika

beurre

sel, poivre du moulin

1- Préchauffer le four à 180 °C.

2- Égoutter et rincer la macédoine et les champignons.

3- Couper les saucisses KNACKI® en rondelles.

4- Dans un saladier, fouetter les œufs avec le yaourt, le lait et l'huile d'olive. Ajouter les légumes, les rondelles de saucisses KNACKI® et bien mélanger.

5- Dans un autre saladier, tamiser la farine avec la levure et le paprika. Saler, poivrer. Creuser un puits au centre puis, verser le mélange aux œufs. Remuer rapidement.

6- Verser la pâte dans un moule à cake préalablement beurré. Enfourner et laisser cuire 45 minutes. Vérifier la cuisson : le cake doit être doré et la pointe du couteau doit ressortir sèche. Démouler puis laisser refroidir sur une grille pendant 10 minutes.

SALADE DE FARFALLES AU CITRON
& SAUCISSES KNACKI®

15 MIN DE PRÉPARATION – 15 MIN DE CUISSON

1- Faire cuire les farfalles dans un grand volume d'eau bouillante salée. Les égoutter et les arroser d'un peu d'huile d'olive. Laisser refroidir.
2- Récupérer le jus et le zeste du citron.
3- Éplucher et presser les gousses d'ail. Hacher le basilic.
4- Faire cuire les saucisses KNACKI® 4 minutes dans une casserole d'eau frémissante. Les égoutter et les couper en rondelles.
5- Mélanger le jus et le zeste du citron avec l'ail pressé, l'huile d'olive et le vinaigre balsamique. Saler et ajouter 1 cuillerée à café de poivre rose. Verser la sauce sur les pâtes et bien mélanger.
6- Ajouter les rondelles de saucisses KNACKI®, les olives noires et parsemer de basilic haché. Servir.

POUR 4 PERSONNES

400 g de farfalles
1 citron jaune bio
2 gousses d'ail
10 feuilles de basilic
5 cuillerées à soupe d'huile d'olive
2 cuillerées à soupe de vinaigre balsamique
6 saucisses KNACKI® 100 % poulet
100 g d'olives noires, dénoyautées
sel, poivre rose

CAKE À LA ROQUETTE & SAUCISSES KNACKI®

15 MIN DE PRÉPARATION – 45 MIN DE CUISSON

POUR 8 PERSONNES

200 g de farine blanche

½ sachet de levure chimique

3 œufs

8 cl de lait

5 cl d'huile d'olive

2 saucisses KNACKI® 100 % poulet

50 g de roquette

3 gousses d'ail

75 g de comté râpé

beurre

sel, poivre

1- Préchauffer le four à 180 °C.

2- Dans un saladier, tamiser la farine avec la levure. Incorporer les œufs, le lait et l'huile. Saler et poivrer. Fouetter pour bien mélanger.

3- Couper les saucisses KNACKI® en rondelles.

4- Hacher la roquette.

5- Éplucher et presser l'ail.

6- Dans la pâte, ajouter le comté, les rondelles de saucisses KNACKI®, la roquette et l'ail. Mélanger.

7- Verser la pâte dans un moule à cake préalablement beurré. Enfourner et laisser cuire 45 minutes. Vérifier la cuisson : le cake doit être doré et la pointe du couteau doit ressortir sèche. Démouler. Laisser refroidir sur une grille pendant 10 minutes.